EL LIBRO SECRETO

QUE *DEBERÍAS TENER*

PARA ATRAER EL AMOR

©EVE STARS

ÍNDICE:

Introducción... 2

Parte I. El Poder Interior............................ 5

El Pensamiento Positivo............................ 6

Preparar el Terreno................................... 19

Vibrar en la Frecuencia del Amor.............. 25

Programación Neuro-Lingüística............... 32

Afirmaciones para Atraer el Amor............. 37

Visualizaciones... 43

Parte II. La Energía Exterior....................... 56

Amuletos.. 57

Piedras para Atraer el Amor...................... 67

Oraciones... 75

Feng Shui.. 88

Hechizos... 102

Consejos Finales....................................... 128

El amor es la energía más poderosa que el ser humano puede poseer, sentirse amado y amar, la razón por la que estamos en este mundo.

En ocasiones la vida parece que no nos brinda ocasiones para expresar ese amor que llevamos dentro, para vivir compartiendo nuestros dones con otro ser. Nos podemos encontrar bloqueados dentro de nuestra soledad sin saber cómo ni dónde encontrar ese amor que tanto ansíamos.

Es frecuente que cuando pasamos mucho tiempo sin pareja, empecemos a creer que hay algo dentro de nosotros que nos está impidiendo salir de esa situación. Y realmente puede que sea así.

Somos energía y estamos rodeados de energía, si ésta se bloquea, el cambio puede ser complicado.

En este libro vas a encontrar los métodos

más eficaces para desbloquear tu energía y abrir caminos luminosos por donde entre el amor a raudales.

El pensamiento positivo, una intención bien enfocada, los ejercicios de visualización, los amuletos y los hechizos son herramientas que nos pueden ayudar enormemente a atraer cambios y novedades a nuestra vida amorosa.

Todas son técnicas que trabajan en la mente subconsciente o el campo energético que nos rodea, ayudándonos a fortalecer la creencia de que merecemos y podemos encontrar una pareja maravillosa.

Voy a mostrarte las técnicas que se han revelado como más eficaces y potentes para que la llegada del amor sea real y en algunos casos, casi milagrosa.

Vamos a trabajar tu mente, tus pensamientos, las energías que habitan en ti, las que habitan a tu alrededor, las que gobiernan este mundo en el que vivimos y aquel que no podemos ver pero que sabemos que existe, para que nada se interponga entre tú y ese amor que está predestinado a ti.

Todo está en tu mano. La espera ha terminado.

Comenzamos.

PARTE I

EL PODER INTERIOR

El pensamiento positivo

Pensar que mereces ser feliz y la fe son claves a la hora de manifestar tu realidad amorosa, por ello, uno de los obstáculos más grandes para conseguir lo que quieres es la creencia inconsciente de que no mereces ser amado o no mereces tener todo lo que deseas en el mundo material.

Esta creencia es el bloqueo más poderoso, pues hace que luches en contra de este mundo, en lugar de fluir con él.

Si sientes que tus emociones te están jugando una mala pasada, es necesario que revises tus pensamientos.

A continuación vamos a mostrar los pasos esenciales para crear la tierra fértil donde plantar tu deseo de amor.

1. **Crea una visión de tu alma gemela.**

Tener claro qué tipo de persona y qué tipo de relación quieres es vital para que el amor que deseas llegue a tu vida. No es necesario ser demasiado específico (como pensar en un color de cabello, un estilo de vestir concreto o su banda de música favorita, etc.).

De hecho, es mejor no prestar tanta atención a pequeños detalles como ese o podrías encontrarte haciendo una larga lista de características que se parecerían más a una lista de la compra.

Por lo tanto, concéntrate más en preguntas como: ¿Qué me parecería atractivo de esa persona especial? ¿Cómo me sentiría al estar con él/ella? ¿Qué haríamos juntos? ¿Qué tipo de relación estoy buscando? ¿Cuáles son las características que mi pareja ideal debe tener para construir la relación que yo deseo?

2. **Haz un tablero de sueños.**

Después de tener una visión clara en tu mente de cómo es la persona y relación que deseas, haz un recordatorio físico de lo que estás buscando.

Si has leído algo sobre la Ley de la Atracción, probablemente ya estés familiarizado con la idea de crear tableros de sueños. Básicamente son collages de imágenes evocadoras que te recuerdan lo que deseas manifestar.

Por lo tanto, busca un tablero o espacio en tu pared y úsalo para poner imágenes (u otros elementos) que te hagan sentir cada vez más seguro de que el amor está llegando a tu vida y de que ese sueño es totalmente posible, pues ahí lo tienes, frente a tus ojos.

Puedes recortar imágenes de revistas, usar fotografías que hayas tomado, encontrar cosas en el mundo natural, hacer bocetos o incluso poner frases que realmente capten tu sentido de lo que es el amor y tener una pareja para ti.

Coloca este collage en un lugar destacado y asegúrate de mirarlo varias veces al día. Debería hacerte sonreír y sentirte esperanzado.

3. **Vive como si estuvieras enamorado.**

Será más fácil manifestar un amor real y duradero en tu vida si puedes encontrar una manera de comenzar a vivir como si ya tuvieras ese amor. Quizás te sientas un poco raro al hacer este tipo de cosas al principio, pero realmente este paso marca la diferencia.

Comienza de manera simple: por ejemplo, puedes comprar una tarjeta que diga "Feliz aniversario a la persona que amo" o comprar una pequeña y romántica joya que podría ser apropiada para un cumpleaños de tu pareja. Todo ello sintiendo que es un regalo que realmente vas a entregar a tu compañero/a de vida.

Además, trata de mantener una actitud acorde a la que tendrías si ya estuvieras enamorado y con pareja. Sonríe, escucha música de ensueño y deja que todas las parejas felices con las que te cruces te recuerden lo que ya sientes que es parte de tu vida.

Otro aspecto vital de vivir "como si" implica cambiar tu hogar para que sea adecuado para esta nueva pareja que deseas atraer. Que tu espacio vital sea acogedor y romántico.

Piensa detenidamente dónde y cómo tu pareja podría pasar su tiempo en tu casa, y ajusta las cosas para adaptarte mejor a esa persona. Puedes comprar una silla nueva, cambiar tu decoración u obtener nuevas sábanas que parezcan más adecuadas para una pareja que para una sola persona.

Más adelante, en el capítulo dedicado al Feng Shui encontrarás mucha información sobre cómo conseguir que tu hogar emita la energía necesaria para atraer el amor a tu vida.

4. **Piensa y afirma en positivo.**

Empieza tu día en positivo: cuando decides conscientemente comenzar el día en positivo, generas a tu alrededor una vibración positiva, que atrae cosas buenas hacia ti.

Agradeciendo todo lo que tienes, hasta lo más insignificante, te abres para recibir muchas más cosas buenas.

Deja de darle vueltas al pasado. Lo importante es el presente, por ello tus pensamientos y afirmaciones tienen que ser en el aquí y ahora. Enfócate en lo que quieres lograr y repítetelo una y otra vez en tu cabeza. Tus afirmaciones deben ser cortas y en positivo.

Más adelante hablaremos de las afirmaciones en más profundidad.

5. Difunde el amor donde quiera que vayas.

Como la Ley de Atracción enseña que lo similar atrae a lo similar, ¡no debería ser una gran sorpresa que atraer el amor requiere que seas una persona amorosa!

Y no es sólo el sentido romántico del amor lo que importa aquí. Hay pequeñas cosas que puedes hacer para difundir el amor todos los días; uno de los mejores ejemplos es simplemente ser más amable con los extraños.

Sé amor.

No busques el amor. No anheles desesperadamente el amor. Desear generará más y más deseo, y con ello más insatisfacción. Cuando te conviertes en la fuente del amor, ya tienes lo que estás buscando y no tienes que mendigar el afecto de otros, como si tu bienestar dependiera de ellos.

Pregúntate: Si fuera amor, ¿cómo actuaría? ¿cómo hablaría? ¿cómo sonreiría? Si fuera amor, ¿cómo reaccionaría en las distintas situaciones? Recuerda que fuiste creado con amor, y por tanto puedes dar amor. Hoy, sé amor y observa cómo cambia tu mundo.

6. **Deshazte de posibles bloqueos físicos.**

Si bien es probable que tengas bloqueos mentales y emocionales que podrían estar interponiéndose entre tú y un amor feliz y exitoso, este paso está enfocado en los bloqueos físicos que pueden existir en tu vida. Considera si hay elementos en tu entorno que podrían estar bloqueando físicamente que una nueva persona llegue a tu vida.

Los ejemplos más obvios incluyen cosas que podrían indicar al Universo que todavía tienes una pareja anterior que actualmente vive contigo: ropa, objetos que no usas, libros que no te interesan, etc.

Si no es posible devolver esos objetos a tu ex pareja, considera si puedes hacer un buen uso de ellos de alguna otra manera. Por ejemplo, puedes venderlos por internet y donar el dinero a organizaciones benéficas, o puedes entregar los artículos a una tienda de segunda mano donde alguien que lo necesite puede obtenerlos por un precio bajo.

Por supuesto, hay algunos artículos preciados del pasado que pueden ser muy difíciles de abandonar. Quizás fotografías irremplazables, viejas cartas de amor o recuerdos únicos de vacaciones. Si realmente no quieres tirarlos o dejarlos ir, puedes mitigar su influencia en tus intentos actuales de manifestar amor, guardándolos en una caja que no esté a la vista y de este modo anular en cierto modo su poder energético y evitar pensamientos de relaciones anteriores.

Trabajar este punto te ayuda a pensar en el futuro en lugar de en el pasado.

Sin embargo, si descubres que te estás aferrando a algunos objetos porque todavía anhelas un amor del pasado, puede querer decir que hay que hacer más trabajo profundo y personal antes de que estés realmente listo para aceptar un nuevo amor en tu vida .

7. **Relájate y conéctate con tu ser interior.**

Con nuestro estilo de vida, es difícil dejar de estar acelerado todo el día pero debes tratar de buscar un espacio para respirar. De vez en cuando, a lo largo de tu jornada, cierra los ojos y respira profundamente. Puedes repetir algún mantra, afirmación o simplemente contar números en tu mente. Esto te ayudará a conectarte con tu interior, relajarte y sentirte parte del instante mágico.

8. **Encuentra un objeto que te conecte con tus intenciones.**

Ya sea algo que encuentres en tu casa, fortuitamente en la calle o adquieras en una tienda, busca un objeto que te haga pensar instantáneamente en el compañero ideal que sabes que está llegando a tu vida.

Llévalo contigo a donde vayas y tómalo en tu mano cuando necesites un recordatorio del hecho de que obtendrás el amor que mereces. También puedes colocar este objeto en tu mano (o manos) durante el proceso de visualización creativa, ayudándote a mantenerte constantemente anclado a tus intenciones de manifestar una nueva relación maravillosa.

Cada vez que veas el objeto, deja que te recuerde tu confianza, esperanza, amor y felicidad.

9. **Sé agradecido.**

Siempre hay algo que agradecer, aún cuando tropezamos. Es importante que diariamente expreses tu gratitud, ya que esta acción atrae pensamientos, relaciones y experiencias gratificantes. Te llenará de energía positiva y sentará las bases para todo lo bueno que empieza a llegar.

10. **Pon manos a la obra.**

No te quedes parado, si quieres algo, debes poner manos a la obra.

Haz pequeñas acciones que te permitan lograr tus objetivos. No postergues, una cosa es ir lento pero seguro y otra es conformarte y dejar de actuar. Márcate un plan de acción y ¡pon manos a la obra!

Preparar el terreno

Continuando con el trabajo interior, vamos a marcar las pautas que has de seguir ANTES de pedir al Universo tu pareja ideal.

Como ves, la preparación del terreno es tanto o más importante que los pasos a dar para que el Universo provea. De nada sirve pedir si no estamos preparados. Por mucho que llueva y que salga el sol, las flores no crecerán si la tierra no es fértil.

Interioriza y medita sobre los siguientes pasos.

1. **Ámate y acéptate a ti mismo**: todo el paquete. Si no te amas y aceptas, no esperes que otro lo haga. Nadie puede salvarte. Sálvate tú mismo, y luego serás atractivo a otros.

2. **Cree con todas tus fuerzas que mereces el amor verdadero**. Simplemente por existir, mereces ser amado y valorado. Esta es una verdad universal, la creas o no. Es crucial que

empieces a creer en ello firmemente para ver cambios inmediatos en tu vida.

3. **Corta de raíz cualquier relación vieja que ya debe morir**. No pierdas más el tiempo. Si fuera la pareja ideal, ya estaríais juntos y felices.

4. **Corta de raíz toda relación pasajera o sin importancia**. Abre el espacio en tu vida para el verdadero amor, no una distracción a medias.

5. **Disfruta de una vida completa ahora**: explora, diviértete, haz ejercicio, viaja, aprende a cocinar, aprende otro idioma, únete a un grupo de voluntarios. ¡Hay tanto por hacer! Cuanto más sientas felicidad, más te pones en armonía con tu deseo. La teoría de la "media naranja» es falsa. Nadie es tu mitad. Eres una persona completa y decides unirte a otra persona que también está completa. Siéntete pleno.

6. **Evalúa qué estás atrayendo**. Tú atraes a tu vida lo que eres. ¿Eres alegre, positivo, buena persona, interesante, activo, trabajador, divertido? Sé como deseas que tu propia pareja sea.

Tenemos que ser consecuentes. Tu deseo vendrá cuando estés en armonía con lo que deseas. Mírate por fuera y evalúate por dentro. Compara lo que eres actualmente, con el hombre o mujer ideal que deseas. ¿Hay armonía?

7. **Sé amor.** Y por último, si quieres atraer a tu vida amor, tu frecuencia energética debe coincidir con la frecuencia energética de lo que quieres en tu vida.

No adoptes una posición de lamento, si le lloras al Universo, el Universo, te responde con más lamentos. Ten cuidado con lo que afirmas. Nunca digas «nunca», «el amor no es para mí», «sigo sola/o» porque eso será lo que atraerás hacia ti. Recuerda, debes estar positivo y confiado y lleno de amor.

Cuando sientes amor, te levantas sonriendo pensando en esa persona especial, pones música que te levanta el espíritu, el ánimo e incluso sientes esas mariposas en el estómago pensando qué bonito es el amor y qué bien te sientes por ello estás en la onda perfecta para que el amor llegue a tu vida. Tenlo por seguro.

***

Vibrar en la frecuencia del amor

Para vibrar en la frecuencia del amor, que es la frecuencia más alta, es necesario que te vacíes de todo pensamiento o sentimiento negativo que albergas en tu interior.

De acuerdo a la Ley de Atracción, los iguales se atraen. Esto quiere decir que si quieres atraer el amor ideal, tendrás que vibrar en esa frecuencia y para ello tienes que vaciarte de todos los sentimientos contrarios a él.

Así que:

Deja atrás todo rencor y resentimiento.

Perdona, perdónate y pide perdón. No importa lo que te hayan hecho, el perdón es el primer paso para liberarte del pasado, de lo que no te deja que puedas vibrar en la frecuencia del amor.

Libérate de todos los pensamientos negativos sobre ti mismo.

Pensamientos de no merecimiento, miedo, vergüenza, mensajes tóxicos… Déjalos atrás para construir tu nueva vida en pareja.

Trabaja tu autoestima.

No me cansaré de repetirlo. El valor que tienes de ti mismo es fundamental, ya que no podemos buscar el amor ideal si verdaderamente no nos tenemos en alta estima.

Si no ponemos en valor nuestra cualidades y nos aceptamos como somos, pensando que tenemos todo lo mejor para merecer lo mejor, será difícil atraer el amor a nuestra vida.

Debes tener en mente que quieres tener una pareja para compartir tu felicidad no para encontrarla.

Merecimiento.

Interioriza profundamente que te mereces lo mejor de este mundo, mereces el amor verdadero, la pareja ideal.

La Conciencia de Merecimiento es fundamental para atraer el amor.

Afirma:

"Soy merecedor de todo lo bueno y maravilloso que tiene la vida para mí, también del amor más puro y bello. Acepto con humildad los regalos de la vida y estoy abierto a recibir y a dar lo mejor de mí cada día".

Presta atención a tu postura corporal.

Puede que pienses que tu postura corporal no tiene nada que ver con atraer el amor. Pero, como siempre, el lenguaje no verbal dice mucho más de ti que las propias palabras que expresas.

Cuando estás triste, caminas de una forma diferente que cuando estás alegre. Esto indica tu estado bajo de ánimo. Lo mismo pasa con tu cara, la manera en que te sientas y el resto de movimientos que realizas.

Por tanto, cuando tengas un bajón, presta atención a tu lenguaje corporal y cámbialo de inmediato. Al andar, echa los hombros para atrás, respira hondo, levanta la cara e instala la sonrisa en tu rostro.

Otra táctica muy buena es la de bailar. Bailar hará que te relajes, que te sientas más animado y que vuelvas a la positividad que tanto necesitas para atraer el amor y todas las cosas buenas.

Interioriza la ley de la abundancia.

No hay una única persona perfecta para ti ahí fuera, sino un montón de potenciales parejas maravillosas entre las que puedes elegir.

No dejes que tus creencias limitantes te condicionen.

El Universo es un ejemplo de abundancia. Date cuenta de que no necesitas esos pensamientos deprimentes que quizás a veces te asaltan, como "las mujeres perfectas para mí ya están emparejadas" o "no hay suficientes hombres interesantes alrededor". Deja que la ley de la abundancia penetre en tu vida a través del pensamiento: **cree** que hay montones y montones de parejas posibles disponibles para ti.

Mira alrededor y date cuenta de la abundancia que nos rodea. Los humanos a menudo la repartimos de forma injusta, pero el Universo provee para todos.

Repítete: El amor está en todas partes.

***

Programación neuro-lingüística

Analiza muy bien las palabras y pensamientos que comúnmente utilizas para referirte al amor.

Debes enfocarte positivamente y pensar en el amor como algo maravilloso, porque de esa forma estarás comunicando a tu subconsciente que eso es lo que en verdad deseas.

Deja de pensar con las limitaciones clásicas como: yo nunca encontraré a alguien que me quiera, yo no tengo suerte en el amor, yo no merezco el amor... Porque de esta forma tu subconsciente asume como cierto todo lo que piensas y como resultado no consigues que el amor llegue a tu vida.

Tampoco critiques a quienes ya encontraron un gran amor. Admira y no odies a quienes ya tienen lo que tú deseas. No envidies. Al contrario, cuando veas a una pareja afirma: qué bonito amor, eso es lo que yo quiero y es lo que ya está viniendo a mi vida. Tu subconsciente establece una relación muy precisa entre el amor y las emociones que sientes al verlo.

En la programación neuro-lingüística las palabras con las que te diriges a ti mismo, son fundamentales. Se trata de ir cambiando aquellas que te separan de tu objetivo por otras que transmitan a tu mente que esa meta es posible y que es positiva para ti.

Un método muy útil es imaginar ese estado que deseas alcanzar (tener una pareja), como en una especie de fotografía. Una vez que la tengas en tu mente puedes aumentar el tamaño de la imagen, brillo, amplificar las sensaciones... Ve agregando imágenes, sonidos y sensaciones a esa imagen hasta conseguir una potente energía de amor a lo largo de todo tu cuerpo.

Esto debe hacerse en estado asociado, como si estuvieras ahí viviéndolo y experimentándolo en tu persona.

De este modo asocias esa experiencia a algo positivo, alegre, fuerte, con peso. Tu subconsciente no podrá resistirse y remará contigo con todas sus fuerzas para que esa experiencia se materialice.

Por otro lado, agradece el amor que se manifiesta en tu vida. Disfruta de cada muestra de amor: cuando alguien te sonríe, cuando alguien te abraza al saludarte, cuando alguien te da un regalo. Recuerda que tú has recibido amor desde pequeño. El sentir agradecimiento hace desaparecer el miedo y aparecer de forma mágica la abundancia en el amor.

Visualiza a esa persona que quieres que llegue a tu vida. Cómo lo ves, cómo lo sientes, cómo te trata, cómo sonríe, cómo te hace sentir. Escribe las cualidades que ves en esa persona porque así tu subconsciente se estará programando para atraer a tu pareja ideal.

Enfócate en tu deseo y déjalo fluir.

Ponte en acción y sal a pasear por lugares donde podrías encontrarte con ese compañero que anhelas, sin desesperarte ni enfadarte si no lo logras de inmediato. Déjalo fluir y pronto llegará esa persona que... ¡también está buscándote!

Afirmaciones para atraer el amor

Atrae la energía cósmica del amor, atrae el amor a tu vida a través de tus pensamientos y sentimientos. Las afirmaciones son las creencias que deben enraizar dentro de ti para que el amor llegue a tu vida. Son frases potentes y llenas de esperanza que cambiarán tu estado energético a uno lleno de posibilidad y esperanza.

Con las afirmaciones positivas, puedes cambiar tu proceso de pensamiento y hacer que éste juegue a tu favor y no en contra.

Una afirmación, por norma, es una declaración confiada de una verdad percibida. Lo cierto es que la repetición de este tipo de verdades, en forma de afirmaciones positivas, ha ayudado a miles de personas a realizar cambios significativos en sus vidas.

Tu cerebro ha de trabajar para ti y remar en la misma dirección que tus deseos.

De las que te muestro a continuación,

escoge aquellas afirmaciones que más te lleguen dentro o escribe otras que te motiven personalmente y conviértelas en tus nuevos mantras.

Una manera sencilla de llevar a cabo tus afirmaciones es grabarlas en el móvil e ir por la calle, mientras lavas los platos, mientras te relajas, etc escuchándolas.

Afirmaciones para atraer el amor:

- Estoy agradecido por el amor que vive mi ser.

- Acepto mi presente y sé que voy a tener un futuro de amor permanente.

- Atraigo todo el romanticismo a mi vida.

- Visualizo el amor de mi vida una y otra vez y se materializa ahora.

- Visualizo amor y atraigo amor de todas partes.

- Soy el creador de mi universo de amor.
- Lleno mi interior de amor que ahora comienza a manifestarse.
- Recibo amor sin límites.
- Creo en el poder de atracción del amor.
- La ley del amor funciona para mí.
- Soy amor.
- Todo mi ser está cubierto de amor.
- Ahora sé cual es mi pareja ideal.
- Mi vibración magnética atrae más y más amor.
- Soy un imán para el amor.
- Me veo a mí mismo enamorado y amando.
- Me veo a mí mismo siendo profundamente amado.
- Mis pensamientos son el reflejo de mi vida amorosa en plenitud.
- Soy Luz. Soy energía poderosa.

Recita las afirmaciones positivas, en voz alta o mentalmente, a ser posible durante tres veces al día, por la mañana, a mediodía y por la noche. Un momento ideal para hacer esto es cuando te estás arreglando frente al espejo, así puedes mirarte mientras repites la afirmación positiva.

También ayuda a reforzar las nuevas creencias escribir las afirmaciones varias veces en un cuaderno. Observa si lo que escribes cambia tu estilo de escritura con el tiempo. Esto podría ser una pista de cómo tu mente percibe el nuevo concepto.

Las afirmaciones deben acompañarte siempre, hasta que formen parte de tu manera habitual de pensar.

***

Visualizaciones

La visualización es una herramienta súper potente para manifestar una relación de amor.

Nuestra mente es poderosa. Nuestros pensamientos, y las emociones que de ellos se derivan, tienen la capacidad de modificar nuestra realidad tangible. Todo ello, por supuesto, a través de nuestras acciones. Sin embargo, la visualización creativa es una herramienta sencilla que, con constancia, puede ayudarnos a construir el presente que deseamos vivir: la llegada del amor.

Visualizar es tan sencillo como cerrar los ojos e imaginarse algo como si estuviera sucediendo en el momento.

En el preciso instante en el que cierras los ojos te adentras en un mundo donde tu imaginación puede volar y tú puedes ser, hacer y tener lo que desees. Nada en este mundo es casualidad sino que es una constante proyección de nuestros pensamientos y visualizaciones (tanto de la mente consciente como la subconsciente).

La visualización en sí, no es ninguna práctica moderna, técnicamente hablando, la visualización es una forma de meditación, y la meditación ha estado presente desde hace siglos.

Aunque hubo escritos y estudios sobre la visualización en el mundo occidental desde principios de 1900, la visualización positiva, se hizo realmente popular después de que Charles Garfield, autor de *Peak Performance*, hiciera pública la práctica de atletas rusos, para las olimpiadas de 1980 , que pasaban el 75% de su tiempo, haciendo entrenamiento mental, y el resto físico.

La visualización en el deporte, se usa para repasar cada movimiento, para mantener el foco en la victoria, y mantener la cabeza fría, en los momentos de presión.

Este tipo de ejercicio mental, permite que el cerebro y todas las funciones cognitivas y fisiológicas, se activen y reacciones, de acuerdo a lo visualizado.

Tiger Woods, Roger Federer, Arnold

Schwarzenegger son algunas figuras del deporte que utilizan la visualización, y afirman que ésta les ha permitido llegar hasta el podio. Actores como Jim Carrey o Will Smith, han visualizado su éxito tantas veces, hasta alcanzarlo, que hoy son profetas número 1 de la visualización.

Y si ellos pueden, ¡tú también!

Pasos previos a la visualización para el amor.

Lo ideal es que aprendas la visualización que vas a llevar a cabo de memoria – paso por paso - , o léela y grábala en tu teléfono para después escucharla a diario durante al menos 21 días.

Reserva un tiempo y lugar especial para tu meditación, y asegúrate que no serás interrumpido.

Usa ropa ligera y cómoda, y gradúa la temperatura de manera que no sientas ni calor ni frio durante el ejercicio. Quítate los zapatos, medias, cinturones y accesorios.

No realices la meditación para el amor si

estás de mal humor, cansado o negativo.

Siempre siéntate con la espalda recta (si te es más fácil, recostado a una pared) en una posición cómoda y relajada pero erguida.

Pasos del ejercicio de visualización para atraer amor.

Esta es la visualización para atraer tu relación de amor verdadero.

Cierra tus ojos y respira profundamente.

Concéntrate en la respiración, de manera que ésta se vuelva cada vez más profunda y con cada exhalación tu cuerpo se relaje un poco más. Siente la tensión salir de tu cuerpo a medida que respiras. Repite hasta que te sientas relajado.

Concéntrate progresivamente en cada parte de tu cuerpo, empezando por tus pies y terminando en tu cara, de manera que relajes cada parte del cuerpo en el momento en que te concentras en ella.

Visualízate ahora al frente de un túnel oscuro. En frente tuyo, sólo la inmensidad del túnel.

Al asomarte un poco a la entrada del túnel, a pesar de la oscuridad, ves que el túnel es estrecho y está lleno de obstáculos y barreras que impiden transitarlo.

Tu sabiduría interna te dice que al otro lado del túnel, está el amor que tanto deseas, reflejado en la persona que has soñado y en la relación duradera y feliz que ansías.

Pero el túnel y sus obstáculos no te dejan alcanzar este amor.

Estos obstáculos los has puesto tú allí. Son el miedo, la inseguridad, la rabia, y las expectativas irreales que se han afianzado en el camino entre tú y el amor.

De repente, una luz radiante cae sobre ti. Viene directamente del cielo y cae como cascada, deslizándose por tu piel y absorbiéndose a través de ella hasta llenarte todo de luz por dentro.

Siente el poder de la luz. Siente cómo cada parte de tu cuerpo, chakras, órganos, células y átomos vibran poderosamente con esta luz.

La luz empieza a tornarse de colores en

diferentes lugares de tu cuerpo.

Es roja en tus piernas y caderas, naranja debajo de tu ombligo, amarilla en la boca del estómago, verde en la mitad del pecho, azul en el cuello, índigo en tu frente y púrpura en la coronilla.

Disfruta el arco iris de colores en tu cuerpo.

Ahora siente cómo la luz verde en tu pecho, empieza a girar como un tornado, en dirección a las manecillas del reloj, traspasando tu pecho hasta la espalda y girando cada vez más rápido.

A medida que la energía verde gira, también se hace más fuerte y brillante y ocupa más espacio en tu pecho.

Es tanta la energía que súbitamente se dispara de tu pecho como un láser, hacia el túnel, abriendo camino y eliminando cada obstáculo.

Observa con detalle el movimiento rápido del láser verde disparado desde tu pecho, atravesando a toda velocidad el túnel y derrumbando los obstáculos.

No alcanzas a ver qué hay en el otro lado del túnel, pues éste es largo, pero de pronto, de la nada, y a medida que la luz verde ilumina y atraviesa el túnel en dirección contraria a la tuya, una oleada de luz fucsia se dirige ahora hacia ti.

Observa cómo esta luz que viene en tu dirección, viaja a toda prisa por el túnel hasta alcanzarte y como agua tibia pero refrescante, cae totalmente sobre ti, llenándote de paz, alegría y seguridad.

De repente, el túnel está lleno de la luz verde que brota de tu cuerpo, y de la luz fucsia que viene del otro extremo hacia ti. Las luces se mezclan armoniosamente.

De pronto el túnel empieza a hacerse más corto, permitiéndote ver lo que hay al otro lado.

Ahora puedes ver claramente que al otro extremo del túnel, está la persona que tú deseas como pareja. No tiene nombre, no tiene cara, pero tú sabes que es el amor de tu vida.

Ya no hay barreras entre tú y el amor de tu vida.

De hecho, ahora os unen las luces brillantes que brotan de tu cuerpo y la de tu pareja. Aunque todavía existe un corto túnel, puedes ver cómo tu luz verde penetra y baña a la otra persona, y cómo de esa persona sale la luz fucsia que ahora te baña a ti.

Disfruta la conexión por unos minutos.

Entra en el túnel y observa cómo el amor verdadero de tu vida avanza hacia ti también. Os encontráis en la mitad del túnel que ahora os protege y guarda.

Al llegar frente tu amor, lo único que puedes ver con claridad, además de la luz, son sus ojos. Concéntrate en los ojos de tu amor, que ahora son como una pantalla donde puedes ver una película.

En esta película, observa con detalle tu vida de pareja. Visualízate sonriendo, feliz, hablando animadamente, besándoos, abrazándoos y disfrutando cada momento.

Observa cómo hablas con tu familia y amigos contándoles lo feliz que eres en tu relación, observa el lugar donde vivís y los lugares que visitáis juntos. Es como una película de alta velocidad que te permite ver rápidamente momentos felices que están por llegar con tu nueva pareja.

Sobre todo concéntrate en cómo te sientes. La felicidad, entusiasmo, seguridad de tener a tu amor ya contigo.

Di ahora en voz alta:

"Estoy listo. Ya puedes venir"

Y devuelve tu atención a tu cuerpo y espacio en el que te encuentras.

Respira profundamente y lentamente abre los ojos.

Ten la seguridad que el camino está libre para que tu amor llegue, y ya está en camino.

Esta visualización tiene un poder increíble y está indicada para aquellas personas que sienten que dentro de ellas hay un bloqueo, como un muro que no les permite avanzar, en la consecución de su deseo de amor.

Muchas veces, perdemos la esperanza y empezamos a construir bloqueos llenos de duda y temor. Esta visualización derriba todos esos bloqueos y abre un camino limpio y luminoso para que la persona destinada a nosotros pueda llegar a nuestra vida.

Te recomiendo que hagas esta visualización todas las veces que estimes necesarias hasta que sientas limpio tu camino, hasta que sientas que de ti sale un sendero libre de obstáculos por el que puede avanzar una persona perfectamente.

Cuando ese camino esté limpio y abierto, no tengas duda que el amor de tu vida llegará.

Hasta aquí la primera parte de los métodos infalibles para atraer el amor a tu vida: trabajar tu propia energía, tu propio interior.

La segunda parte del libro te va a mostrar procesos energéticos exteriores súper potentes que dirigirán el rayo del amor a tu vida.

Ahora, con tu mente y tu campo energético preparado para recibir, la llegada del amor resultará extremadamente fácil.

PARTE I I

LA ENERGÍA EXTERIOR

Amuletos

Los amuletos son objetos adquiridos o creados por ti que adquieren una energía poderosa y que pueden ser extremadamente útiles para atraer el amor a tu vida.

Un amuleto te va a permitir canalizar tu energía y obtener resultados efectivos y rápidos si logras poner todo tu corazón en ello.

Deben ser realizados sintiendo siempre que la persona que será nuestro futuro amor, está cada vez más cerca de nosotros, y que el amuleto complementará con su poder ese deseo.

Hay multitud de amuletos para atraer el amor pero siguiendo la pauta de este libro, aquí se han seleccionado los más potentes, aquellos cuyos poderes magnéticos han sido probados como los más eficaces.

Amuleto de Venus.

Se realiza un día martes o miércoles. Necesitarás lo siguiente:

- Tres velas rojas.
- Una mesa con un mantel rojo.
- Pétalos de rosa.
- Una tela roja.
- Canela en rama.

Para hacer este amuleto se procede de la siguiente manera.

Deja todos los elementos bajo el sol desde que sale hasta que se oculta.

Al día siguiente ya puedes hacer el amuleto. Para ello, enciende las velas y con la tela haz una bolsita. Una vez realizado esto, introduce en la bolsa los pétalos de rosa y la canela. Mientras las velas se consumen, debes decir la siguiente oración:

"Venus, tú que siempre has ayudado a los hombres de bien, estoy aquí solicitando tu pronta ayuda.

Te ruego que atraigas un amor sincero a mi

vida. Yo (di tu nombre) me encuentro en la noble búsqueda de encontrar a una pareja con la cual compartir todos mis momentos.

Confío en ti, estoy seguro que pronto me enviarás a aquella persona que tanto estoy anhelando. Mi corazón está listo para abrirse ante otra persona y unirse en lazos de fuego.

Venus, te pido que le otorgues a este amuleto el poder que me ayudará a cumplir con mi propósito.

Oh, Venus, enséñame el camino que tengo que recorrer para llegar a mi objetivo, que este amuleto sea mi guía y que atraiga a mí a otro corazón necesitado de amor.

Que así sea".

Guarda el amuleto y llévalo siempre contigo cuando salgas.

Amuleto de los clavos.

Este amuleto lo puedes hacer en cualquier día de la semana, aunque se aconseja los miércoles y viernes.

Al trabajar con objetos metálicos es necesario que tu deseo y fe sean más fuertes de lo normal para impregnarlo de energía. Por eso te aconsejo hacer un ejercicio que te ayudará a concentrarte cuando vayas a hacer el amuleto.

Siéntate relajadamente. Cierra los ojos, inspira profundamente y exhala, mientras haces esto, trata de evitar todo pensamiento intruso que quiera entrar en tu mente. Mantente así durante al menos 10 minutos, en los cuales debes tratar que tu mente esté el mayor tiempo en blanco. Tras ello, puedes proceder con la elaboración del amuleto, en el cual deberás usar tu concentración al máximo.

Necesitarás lo siguiente:

- Tres clavos grandes y que no estén oxidados.

- Un hilo rojo.

- Sal.

- Una bolsita de tela roja (en su defecto violeta).

Toma la sal y arrójale un poco a cada clavo.

Ata con el hilo los tres clavos. Guárdalo en la bolsa de tela. Cuando esté dentro de la bolsa di lo siguiente:

"Amor, dulce amor, ven hacia mí. Que este amuleto sirva para atraer mi deseo de amor."

Lleva la bolsa siempre contigo.

Amuleto de la piedra de cuarzo rosa.

Para la creación de este amuleto necesitarás:

- Una piedra de cuarzo rosa.
- Aceite de sándalo.
- Pétalos de rosas rojas.
- Miel.
- Un frasco pequeño.
- Una gota de TU sangre.

Los pasos que debes seguir son:

Lo primero es llenar de energía la piedra, así que para esto deberás dejar la piedra debajo de tu almohada en noche de luna creciente (todo el tiempo que dure la fase de la luna creciente) para que cuando la luna llena llegue, ya esté lista para crear tu amuleto para el amor. Además de preparar la piedra también prepararás los pétalos, que debes dejar secar.

Ya en plena luna llena deberás moler los pétalos secos hasta que se queden en polvo y colocarlo en un recipiente pequeño, después agrega el aceite de sándalo junto con 7 gotas de miel.

Tu gota de sangre deberá caer en la piedra de cuarzo. Después has de introducir la piedra al frasco y cerrarlo para que pase toda la fase lunar al sereno.

Abre el frasco antes de la luna menguante para sacar solamente la piedra y ya tendrás tu amuleto para el amor.

Este amuleto de piedra de cuarzo rosa es muy poderoso.

Amuleto del pañuelo.

Para la realización de este amuleto necesitarás:

- 1 pañuelo de color blanco.
- 1 cucharada de azúcar.
- Pedazos de canela.
- Hojas de hierbabuena.
- Tu perfume preferido.

Procedimiento:

Utiliza el pañuelo para confeccionar una bolsa pequeña. Es importante que no la compres hecha, sino que la fabriques con tus manos, pues así plasmarás tu energía en ella.

Coloca la canela, la cucharada de azúcar, las hojas de hierbabuena y unas cuantas gotas de tu perfume en el interior de la bolsa.

Para que el amuleto funcione realmente, debes llevarlo siempre contigo, sobre todo durante el día. El objetivo es que las vibraciones positivas del amuleto se unan a ti para que estés en completa armonía con el amor.

Por las noches, coloca el amuleto bajo tu almohada o en la mesita de noche. Es importante que antes de dormirte, sujetes el amuleto con tus manos y pidas que ese amor que está destinado a ti llegue ya a tu vida.

* * *

Piedras para atraer el amor

Existen algunas gemas que te ayudarán a atraer la energía necesaria para que la pasión, el romance y la relación amorosa que anhelas lleguen a ti.

El poder de las piedras radica en que son materiales naturales que congregan energías del mundo y, como tales, son capaces de llamar a otras energías por estar en armonía con la Tierra.

Llevar contigo cualquiera de estas piedras será como poseer un imán del amor.

Cuarzo rosa.

Es la más popular de las piedras utilizadas para atraer y mantener el amor, en rituales, hechizos y amuletos.

Tiene la virtud de que puede transmutar las energías discordantes en armoniosas.

El cuarzo rosa, es uno de los cristales que nos abre al amor y a la ternura, mediante la autoconfianza.

Es la piedra del amor incondicional, que abre el chakra del corazón a todas las formas de amor: amor propio, familiar, platónico y romántico. De hecho, la alta energía del cuarzo rosa da la propiedad de realzar el amor en prácticamente cualquier situación.

Para conseguir atraer el amor con cuarzo puedes optar por tenerla en casa, de esta manera, su poder estará en tu hogar, en tu entorno y siempre contigo. También puedes hacerte con alguna pieza de joyería hecha con este material y llevarla siempre contigo. Otra manera es practicar una meditación con la piedra en el chakra del corazón (en el centro de tu pecho), hazla 10 minutos cada día y el poder del cuarzo te ayudará en tu vida emocional.

Kunzita rosa.

No tan conocido como el cuarzo rosa, pero con virtudes igual de potentes, la kunzita rosa potencia el amor hacia uno mismo (autoestima) y lo proyecta hacia el exterior, generando con ello un efecto de atracción que impacta en nuestra vida.

Se dice que el poder de la kunzita transciende los bloqueos emocionales y cura heridas de existencias pasadas. Por si fuera poco, ayuda en la concentración para procesos de meditación.

Jade.

Los cristales de jade tienen la facultad de mantener y proteger los compromisos y el amor de pareja, además de abrir puertas que nos impulsan a ejecutar cambios de conciencia espiritual.

Igualmente es un cristal con una gran fuerza defensiva, motivo por el cual debe utilizarse con prudencia en los altares.

La piedra de jade está, al igual que el cuarzo rosa, relacionada con el chakra del corazón, es decir, aquel canal energético que hay en nuestro cuerpo y que gestiona todo lo que tiene que ver con las emociones y los sentimientos.

El jade ayuda a atraer la estabilidad emocional haciendo que el amor entre en tu vida y se quede durante más tiempo; por esta cualidad, se trata de una de las gemas más regaladas en las pedidas de mano o en las ceremonias de bodas.

Para conseguir atraer el amor con el jade tan solo basta con que lleves cada día un amuleto o alguna joya hecha con este material; de hecho, te recomiendo que para que su efecto sea más eficaz, lleves un colgante a la altura del pecho para que esté en contacto con el cuarto chakra, el del corazón.

También puedes aprovechar las propiedades del jade haciendo una meditación con esta piedra. Para ello tan solo tienes que ponerte en un lugar cómodo, poner música relajante, un poco de incienso, cerrar los ojos y pensar en el amor que estás buscando. Visualiza lo que quieres, visualiza tu deseo por conseguirlo y ten la piedra siempre pegada al pecho.

Turmalina rosa.

También llamada rubelita o piedra de Cristo, la turmalina rosa tiene fama de curar corazones rotos y ser fuente de amor incondicional y alegría.

De igual forma, combate la timidez y los sentimientos negativos en torno a nuestra propia condición de seres merecedores de amor y afecto.

Además de estas propiedades, se encuentra entre los cristales que poseen mayores cualidades protectoras.

Rubí.

El rubí es considerada la piedra de la pasión. Se trata de una gema que está indicada para conseguir que el amor llegue a tu vida de una manera pasional.

Esta gema es el símbolo del corazón, por lo que atraerá emociones positivas, equilibrio sentimental y alejará de ti la tristeza y los miedos. Además también está indicada para conseguir estimular el poder de la mente, por lo que te pondrá en armonía con el cosmos y conseguirá que atraigas los sentimientos positivos a tu mundo.

El rubí también contribuye en la toma de

decisiones, por lo que es muy útil para que puedas determinar si el amor que has atraído te interesa o es mejor dejarlo pasar.

Es un símbolo de las personas resolutivas, por eso, verás que esta piedra forma parte de accesorios de arzobispos, reyes (en las coronas) o los papas (en los anillos).

Para aprovechar sus poderes en relación al mundo de los sentimientos tan solo hará falta que lleves diariamente un amuleto en el que haya un rubí. También puedes optar por tenerlo en alguna parte de tu casa, sobre todo se recomienda que sea en el dormitorio pues cuando duermes estás en un estado meditativo. Otra opción consiste en usarlo durante una meditación, teniéndolo bien fuerte entre las manos o apretándolo contra el pecho.

Oraciones

Las oraciones de amor son un recurso muy empleado y muy efectivo para pedir al Universo nuestro propósito amoroso.

Existen multitud de súplicas para enamorar, lograr seducir o atraer el amor a nuestras vidas. De hecho, los propios amarres de amor incluyen entre sus pasos alguna frase para facilitarnos generar estas energías.

Premisas a la hora de recitar oraciones.

Antes de iniciar tu oración, es fundamental focalizar tu intención en el tipo de persona que quieres enamorar, ya que únicamente serán las fuerzas que canalices las que te ayuden a conseguir tu propósito.

Te aconsejo que interiorices la súplica y la recites con convicción y seguridad, como ha de procederse con los hechizos de amor.

Si crees profundamente en las afirmaciones que pronuncias, lograrás conseguir atraer a esa persona ideal.

Por lo tanto:

- Ten fe y seguridad en las energías que vas a despertar.

- Debes estar convencido de lo que vas a recitar.

- Es importante que estés en un lugar en soledad, donde nadie pueda molestarte y sea más fácil lograr la concentración necesaria.

- No debes orar ni pedir por tus deseos si estás ansioso, desesperado o triste. Debes estar en estado de calma y felicidad en el momento de pedir para no contradecirte con tus emociones negativas. No puedes pedir por el amor de tu vida si estás triste.

Oración para atraer a la pareja ideal. (I)

Siéntate tranquilo, cómodo, relaja el cuerpo, cierra los ojos. Habla con tu mente y dile:

"Estoy atrayendo ahora mismo un/a mujer/un hombre a mi vida que es bueno, honesto, sincero, leal, fiel, pacífico, inteligente… (añade las cualidades que para TI son importantes en tu compañero/a de vida). Estas cualidades que yo admiro en una persona, están siendo aceptadas por mi mente y reflejan mi nueva programación mental.

Cuanto más lo pienso, más se vuelve parte de mí. Sé que estoy atrayendo un/a compañero/a ideal que refleja las creencias de mi mente. Atraigo lo que creo que es verdad.

Sé que puedo contribuir a la paz y felicidad de ese ser. Él/ella no quiere cambiarme ni yo quiero cambiarlo. Hay amor mutuo, libertad y respeto."

Si crees esto firmemente, vas a atraer una persona con las características que deseas con todo tu corazón. El Universo abrirá caminos, eventos y oportunidades para que lo conozcas. Abre tu vida a este regalo del amor verdadero.

Confía.

Oración para atraer a la pareja ideal. (II)

Siéntate tranquilo, cómodo, relaja el cuerpo, cierra los ojos. Habla con tu mente y dile:

"Estoy construyendo en mi mente el tipo de persona que deseo en mi vida. La persona que atraigo para que sea mi pareja es positivo, bueno, amoroso, culto, honesto, leal y fiel (las características que tú estimes atractivas para ti).

Él/ella encuentra el amor verdadero y la felicidad conmigo. Amo nuestro plan de vida juntos. Sé que él/ella me quiere y yo le quiero a él/ella.

Soy honesto, sincero amoroso y amable con él/ella. Tengo talentos maravillosos que ofrecerle: mi bondad, un corazón alegre y un alma sana. Él/ella me ofrece lo mismo.

Nuestra relación es mutua, yo doy y recibo.

La inteligencia infinita del Universo sabe

dónde está esta persona. Y la sabiduría de mi mente hoy nos une a los dos y nos reconocemos inmediatamente.

Entrego esta petición a mi mente y al Universo, quien sabe cómo hacer que mis deseos se vuelvan realidad.

Doy gracias por la respuesta perfecta a mi petición. "

Haz esta oración día y noche. Ten la certeza que la respuesta viene en camino. Así será.

Oraciones a las Diosas del Amor

A continuación vamos a hablar de las oraciones que están dirigidas a las Diosas del Amor.

¿Sabías que para las diferentes culturas existe una figura específica? Las más conocidas por sus poderes energéticos son:

Venus, Diosa del Amor romana.

Venus es una de las diosas de la mitología

romana. Era considerada poderosa en el amor, la fertilidad y la belleza. Afrodita es su equivalente en la mitología griega.

Afrodita, Diosa del Amor griega.

Esta diosa griega del amor, de la belleza, de la lujuria y de la atracción física estaba entre los doce dioses más importantes. Afrodita llevaba el amor y la belleza a todo el mundo. Era la responsable del vínculo matrimonial.

Ambas son muy veneradas por su poder en cuestiones amorosas.

Para comenzar con las súplicas, te muestro la oración a la Diosa del Amor Venus.

¡Recuerda volcar todas tus energías y toda tu fe para lograr ese deseo que quieres conseguir!

Oración a Venus

«Amada Venus, que fuiste deseada por

todos los dioses del Olimpo, ayúdame a conseguir que la persona destinada a mí se cruce en mi camino.

Acudo a ti para pedir que me concedas la posibilidad de dar y recibir ese amor eterno por parte del amor de mi vida. Haz que el hermoso espíritu del amor me preste sus rayos para penetrar en su corazón y que mi amor reine.

Venus, tú que dominas los caminos del amor y los intrincados senderos por donde transitan los sentimientos y la pasión, te prometo que el amor entre ambos será duradero.

Tú que eres brillante, resplandeciente y bondadosa, dame tus efluvios, tu fuerza y poder para que él/ella se enamore perdidamente de mí. Que tu luz lo ilumine para que en esta hora piense en mí. Para que venga a mí sin tardanza. Que su espíritu y el mío se junten, se unan en uno solo y se amen eternamente.

Tú que eres regente de la belleza, dame el carisma y el encanto que necesito para atraerlo/a a mi vida.

Que tu luz de amor nos ilumine ahora y siempre.

Que tú, diosa Venus, seas testigo de esto que se llama amor, que no haya fuerza ni poder que nos separe.

Venus, diosa del amor, haz que la persona que está predestinada a mí incube en este instante un sentimiento amoroso profundo hacia mí y que nuestras vidas se enlacen para siempre en una unión amorosa eterna.»

A continuación, vamos con la oración a la Diosa del Amor Afrodita, una súplica con la que podrás pedir que esa persona especial entre en tu vida y permanezca en unión amorosa para siempre.

Oración a Afrodita

"¡Oh, poderosa Afrodita! Evoco tu poder supremo e inmensa energía para que el amor de mi vida quede absolutamente enamorado de mí y no se vaya de mi lado nunca. Que podamos disfrutar de esta vida juntos en armonía y felicidad.

¡Oh, poderosa Madre Tierra! Dame tu poder para que el hombre/la mujer que quiero y merezco, esté aquí a mi lado por siempre.

Convoco aquí a todos los poderes de la Tierra, para que amarre a ese ser destinado a mí y se sienta atraído por mí en este preciso instante. Que vea en mí a lo más puro y hermoso. Sello la puerta de este deseo, hoy y para siempre.

Por el poder de la magia del fuego te ruego que sea un amor pasional y dulce que nunca se termine. Seremos dos enamorados felices. Doy gracias al poder de la magia del fuego y a la poderosa diosa Afrodita."

Las dos diosas del amor son muy poderosas.

Tanto para que la súplica a Venus como a Afrodita se concedan, tendrás que reflexionar primero. Es fundamental saber exactamente qué quieres lograr y en qué quieres que estas divinidades te ayuden. ¡Así será más fácil lograr tu propósito amoroso!

***

Oración a San Antonio.

La tradición popular dice que para que efectivamente San Antonio te conceda tu petición, debes realizar actos de bondad y desde el corazón, para que ese espacio que queda en tu corazón al entregar un poco de amor, sea llenado por la persona que tanto deseas.

Es conveniente que realices esta oración para encontrar el amor, durante 7 días, antes de acostarte:

Monta un pequeño altar con la estampa de San Antonio.

Enciende una vela blanca y repite la siguiente oración para atraer el amor:

"Tú que estás lleno de gloria, amor, bondad y muchas virtudes que Dios te otorgó para que pudieras realizar grandes milagros para las personas de este universo tan grande.

Te aclamo hoy a ti que eres bueno con todo aquel que necesita tu ayuda, que eres piadoso con todo aquel que busca la felicidad de tener un amor ideal a su lado, tú que estas lleno de amor te imploro puedas concederme la dicha y la felicidad de poder encontrar el amor que me acompañará siempre, para poder encontrar a esa persona ideal, mi otra mitad, el complemento a mi vida, la pieza que me falta para completar mi mundo.

Te pido que me ayudes a encontrar esa alma gemela que espera por mí, que piensa en mí, preguntándose también en qué parte del mundo estaré, pensando en el momento que podamos unir nuestras mentes, nuestro cuerpo, nuestro espíritu, nuestros corazones.

Sé que tú me escucharás y me ayudarás con mis plegarias pidiendo por mí al niño Jesús con quien estuviste siempre y al Dios padre todo poderoso que te brindó tantos dotes, de gloria y bendición para que así mi alma encuentre la felicidad junto a mi amor eterno.

Amén."

Después de orar esta oración a San Antonio para conseguir pareja, reza 2 padre nuestros y apaga la vela.

Feng Shui

El Feng Shui es una tradición milenaria que enseña a intervenir el entorno para lograr una mayor armonía y que ésta se refleje en nuestras vidas. Sabemos que se puede poner en práctica para atraer bienestar, riqueza, salud...¿pero y el amor? ¡Por supuesto!

Te voy mostrar una guía práctica para atraer el amor por medio del Feng Shui .

Estos consejos atraen toda clase de energía de amor, desde la que te brinda una pareja hasta la del amor propio. Pues a medida que comiences a sentir más amor por ti mismo, atraerás más energía de amor.

El Feng Shui ciertamente puede ayudarte a encontrar el amor, a encontrar tu alma gemela, sin embargo, al igual que con todo, tú eres quien tiene que hacer que suceda, y el Feng Shui es tan solo una herramienta muy poderosa, eso sí, para acelerar tu encuentro de amor.

Para prever la rapidez con la que encontrarás el amor has de ver:

1. Lo claro que eres con lo que quieres.

Si tienes claridad sobre qué es lo que quieres en un compañero de vida, es más probable que atraigas a ese compañero a tu vida. Es decir, cuando sabes lo que estás buscando, seguramente lo encontrarás mucho más fácil porque ¡puedes verlo!

2. Lo abierto y listo que estás para aceptar el amor en tu vida.

Algunas veces resistimos lo que más queremos. Hay muchas razones para ello, pero con el Feng Shui puedes ver fácilmente la prueba de tu resistencia simplemente al verificar el flujo de energía en tu hogar.

¿Tu puerta de entrada está bloqueada?

¿La energía de tu habitación es baja?

¿Es tu cama incómoda y pequeña?

Presta atención al lenguaje de tu entorno, ya que es un espejo de tu propia energía.

Cambia tu entorno y verás cambios internos también.

Por supuesto, lo principal es conocerte y aceptarte a ti mismo, ya que te ayudará a entender lo que funciona para ti. Ser honesto contigo mismo y estar comprometido con tu felicidad es una manera poderosa de atraer personas honestas y comprometidas a tu vida.

Ahora comienza respondiendo esta corta lista de verificación que te ayudará a aclarar el estado actual de la energía del amor en tu hogar.

1. ¿Te gustan todos los elementos de decoración y colores que te rodean?

2. Cuando te levantas por la mañana, ¿te sientes feliz con lo que ves?

3. Antes de conciliar el sueño, ¿te sientes tranquilo y alimentado por la energía en tu hogar (sin importar si tienes o no pareja)?

¿Respondiste "No" a cualquiera de estas preguntas? Entonces es importante que dediques un tiempo a crear un plan de Feng Shui para atraer el amor.

Consejos generales del Feng Shui.

Sigue estos consejos para atraer el amor y verás cómo poco a poco se armoniza tu vida personal y se engrandece tu vida amorosa.

- Sé cuidadoso con la limpieza y el orden. Mantén tu casa en buen estado, sin objetos rotos, papeles u objetos inútiles. Deja que entre aire fresco todos los días y asegúrate de que huela bien, con esencias naturales o incienso. Mantén el orden y la limpieza, para que la energía "chi" no se estanque.

- Evita objetos que denoten frialdad, aislamiento o tristeza. Según los expertos los muebles con ángulos marcados (como una mesa de cristal), los materiales sintéticos, las fotografías agresivas, etc ahuyentan las energías del amor.

- Cuida los detalles. No hace falta tener un presupuesto alto para decorar bien. Es cuestión de cultivar o cuidar tus propias plantas de decoración, poner flores frescas en un florero o comprar un juego de vasos de colores alegres. Rodéate de cosas bonitas y agradables para ti y para los demás, y eso se notará en la energía de tu casa.

- Recuerda que la base del Feng Shui es "menos es más".

- Decora con artículos de color rojo.

- Escribe las cualidades que quieres en tu próxima pareja y guarda el papel en la zona oeste de la casa.

- La cabecera de tu cama debe apuntar hacia el oeste.

- Tu ropa de cama debe ser de algodón o seda preferiblemente.

- Cambia las sábanas con frecuencia.

- Ten orquídeas para aumentar el deseo sexual.

- Ten objetos pares, ya que simbolizan la unidad en el Feng Shui.

- Evita la iluminación fuerte.

- Utiliza muebles de mimbre o madera.

- Pon flores amarillas a ambos lados de la puerta, ¡es mágico para el romanticismo y la armonía!

- Pon objetos rojos o rosados al oeste de la casa para engrandecer el romanticismo.

- Pon 2 rosas rojas en un florero de metal.

- Ten un espejo en el oeste de la casa.

- Evita poner adornos en los pasillos.

Feng Shui en tu dormitorio.

Es la estancia más importante para atraer el amor.

La cama es de suma importancia. Según el Feng Shui es muy importante tener una cama grande ubicada en el centro de la habitación con una mesa de noche a cada lado. No la pongas en un rincón.

La norma es dos de todo. Pon dos almohadas y, si te gustan, dos alfombrillas, una a cada lado de la cama.

Compra ropa de cama sensual y agradable al tacto, de algodón o seda. Si te lo puedes permitir, deshazte de la ropa de cama que te recuerda a relaciones pasadas o que no te traen buenos recuerdos.

Los colores de la cama, demás objetos y de las paredes deben ser alegres (rosa, naranja) o bien suaves (azul claro, pastel). Combínalos de modo que resulten armoniosos y relajantes, pero sin que tu cuarto parezca un catálogo de decoración, deja que se perciba tu personalidad.

Empieza a ocupar tu propio espacio y deja sitio a la persona que quieres atraer.

No tengas muy lleno el armario, deja espacio para la ropa de alguien más. A veces nos llenamos de cosas que no tienen ninguna función específica pero que nos roban la energía. Tenemos ropa que hace mucho no usamos y acumulamos demasiadas cosas.

No despejar los espacios, aunque no lo creas, afecta la mente y trunca los propósitos. Hay que liberarse de cosas pasadas, limpiar las mesillas de noche, tirar los objetos que no nos gusten, y sí, deshacerte de las pertenencias, regalos o recuerdos de tu ex (o como ya comentamos anteriormente, los que no quieras abandonar, escóndelos de tu vista).

Una luz de color amarillo o rojizo, rosa en el dormitorio activa la vida en pareja y crea un ambiente sensual y romántico.

Retirar el televisor del dormitorio y también los libros que no estás leyendo, al menos cuando hay un exceso de ellos.

Feng Shui en la cocina.

Una norma sencilla pero importante: nunca compres platos, cubiertos o copas para uno. Como mínimo, debes tener dos de cada cosa.

Feng Shui en el cuarto de baño.

Deja espacio para sus cosas. Si estás soltero, compra un cepillo de dientes para tu pareja.

Feng Shui en el salón.

Presta atención a las fotos. Si las hubiera ¡quita las fotos con tu ex! Reemplázalas por fotos con tu familia o amigos donde te veas alegre-

¡pero ojo!- esto sólo en la sala, en tu cuarto únicamente deberías poner fotos de pareja.

Procura que el sofá sea cómodo y acogedor, y que haya espacio para las visitas. Asegúrate que los muebles creen un círculo para propiciar la comunicación.

Feng shui en la puerta de la entrada.

Es más importante de lo que imaginas.

Piensa en que si no está bien arreglada y permite que entre la energía, tampoco entrará ese amor que buscas.

Añade unos bombones o flores para la persona amada que está por llegar y si quieres jugar fuerte Feng Shui, busca un felpudo que llame al amor bien fuerte.

Fotografías y cuadros.

En el dormitorio debe haber fotografías de parejas, no conviene tener fotos con familiares, amigos... Es necesario armonizar el dormitorio como un lugar íntimo y de energía especial.

En el resto de la casa revisa bien los cuadros que tienes y las fotografías. Si todas las fotografías son tuyas en solitario está claro los mensajes que estás mandando al Universo, es preferible no tener ninguna de momento a seguir mandando mensajes erróneos

Los cuadros hablan mucho por nosotros, si estos muestran objetos o figuras solitarias, no estás haciendo la llamada correcta y ha llegado el momento del cambio.

Área del Amor y el Matrimonio en el Feng Shui.

Corresponde al suroeste de tu casa. La energía de la tierra en fase Yin, le corresponde el número 2 y el color amarillo.

Es el lugar ideal para colocar cosas en pares, al ser tierra, este punto admite muy bien los elementos decorativos de cerámica, plantas de color amarillo, cuadros e imágenes de parejas felices… Si te gusta el estilo oriental es el lugar perfecto para una pareja de patos mandarines.

Es importante que en esta zona no haya elementos acuáticos ya que enlodan la tierra y la estropean.

El elemento fuego también activa esta zona, por lo que puedes colocar dos velas rojas en esta zona; no olvides de encenderlas a menudo, usa una cerilla de madera y pon tu intención en ese acto.

Evita los excesos.

Feng Shui es, sobre todo, armonía y equilibrio. Cuando hablamos de atraer el amor nos encontramos en muchas ocasiones con que se han sobre-activado las zonas de la casa que corresponden al amor, generando un desequilibrio que no ayuda.

Especialmente cuida en no poner un exceso de imágenes de parejas o similares, con una bien definida es suficiente, por ejemplo en la zona suroeste del salón.

Si el hombre o la mujer de tus sueños fueran a entrar hoy a tu casa, ¿qué mensaje enviaría tu hogar, y particularmente tu habitación?

Sabiendo que todo en tu casa habla de ti y tu energía, puede ser muy poderoso y transformador usar el conocimiento del Feng Shui sabiamente.

¿A qué esperas?

Hechizos

Los hechizos de amor caseros son conjuros que permiten canalizar nuestras energías para lograr un objetivo amoroso específico.

Se hacen para que una persona se enamore de ti, para que tu ex pareja regrese a tu lado, para avivar la llama del amor y también para olvidar a una persona que te hizo daño. Se han estado utilizando desde hace mucho tiempo para conectar a dos personas. Son capaces de crear la energía necesaria para que nazca el amor. A continuación te mostraré cómo se realizan.

Cómo hacer un hechizo de amor.

La mayoría de los hechizos de amor caseros son efectivos si se realizan de forma correcta, pero hay que tener una serie de premisas en cuenta para no cometer ningún error:

- Realizar el ritual cuando estés solo. Es necesario que ejecutes los hechizos en la intimidad de tu hogar, en una habitación o en algún lugar donde te sientas a gusto. De esta manera evitaremos interrupciones, las cuales afectan gravemente al resultado de un encantamiento.

Además, si puedes, es recomendable realizar una limpieza energética para eliminar las vibraciones negativas que puedan interferir durante nuestro conjuro.

- Estate relajado. Tómate tu tiempo. De este modo realizarás con calma el ritual y nos aseguraremos de que no haya ninguna equivocación.

- Hay que crear las energías necesarias. En un hechizo de amor, nuestro cuerpo y nuestra mente se unen para generar esas vibraciones tan necesarias. ¡Para mover la energía correctamente! Esto solo podremos conseguirlo si visualizamos lo que deseamos. Es necesario tener la capacidad de mover las energías destinadas a que el Universo nos conceda nuestro propósito. En definitiva, tenemos que canalizar nuestras energías de forma positiva para pedir aquello que deseamos.

- Seguir al pie de la letra las indicaciones,

tanto los pasos de cada ritual como los aspectos especificados al comienzo del conjuro, que determinan el momento más adecuado para hacerlo. Hay algunos que requieren un día, hora o fase lunar, por ejemplo.

- Recabar los materiales necesarios. Cada material cumple un propósito específico en cada conjuro. No se puede sustituir o reemplazar por otros.

- Fe absoluta. Los hechizos de amor necesitan amor y fe. Debes creer en ti y en ese sentimiento. Solo así podrás lanzar tus energías al Universo, que las atrapará y emitirá una respuesta positiva.

- Por último, debes saber que los hechizos de amor necesitan tiempo. No desesperes. Que las dudas no se apoderen de ti.

Una vez que hayas interiorizado las premisas para ejecutar cualquier hechizo de amor casero, es hora de comenzar.

Hechizos con velas.

Las velas encierran un poder místico que es

capaz de brindar paz, generar energía amorosa e incluso canalizar nuestras vibraciones. Además, son un enlace muy poderoso para conectarnos con el mundo divino. Esta es la razón por la que las velas son un símbolo muy potente para realizar hechizos de amor.

Gracias a ellas podemos conseguir mucho más poder.

Los hechizos de amor con velas son con toda probabilidad los rituales más empleados; en ellos se utiliza este elemento para acceder al yo espiritual.

La vela representa los cuatro elementos de la naturaleza: la llama representa obviamente el fuego; la cera encarna la tierra; pero en cuanto se derrite, simboliza el agua; por último, cuando la cera se evapora, se asocia con el aire.

El lenguaje de las velas.

Existe un lenguaje propio que es necesario conocer para poder ejecutar adecuadamente un ritual de amor, ya que no todas las velas sirven por igual; hay que saber elegir la más adecuada.

Las dos aspectos fundamentales de las velas son:

- Color.

- Forma de encender y apagar.

Significado de las velas según el color.

Las velas para los hechizos de amor se encaminan a distintos fines en función de su color.

Los tres colores más empleados en la mayoría de los conjuros son los siguientes:

Hechizos con vela roja. Este color ayuda a que tanto tú como la persona a la que está destinada el ritual os abráis espiritualmente el uno al otro. Se emplean para dar más fuerza al ritual. Este color se relaciona con el romanticismo y la pasión.

Los rituales con vela rosa. Generalmente este color también lo asociamos al romanticismo, pero está dirigido a aumentar la dulzura y los sentimientos de romance. Es habitual encontrar las velas rosas en conjuros para fomentar relaciones y armonizar a las personas. Es correcto emplearlas cuando queremos que nazca un nuevo amor o reforzar un sentimiento con una persona que amamos.

Conjuros con vela blanca. Este color está asociado a la pureza. Es ideal para equilibrar las situaciones, lo que hace de estas velas objetos indispensables para alejar las energías negativas y atraer las positivas. ¡Es una fuente poderosa de energía!

Otros colores que se utilizan en menor medida son:

Púrpura. Promueve la energía intensa, nos ayuda a lograr nuestros deseos amorosos. Es habitual utilizar estas velas moradas para reparar asperezas que nos hayan afectado en nuestra relación. Además, eleva la concentración y aleja las energías negativas a fin de poder lanzar nuestro propósito al Universo. Ayuda a despejar la mente cuando se está bloqueado; esto nos permite facilitar el flujo de vibraciones positivas.

Verde. Este color fortalece los vínculos afectivos, por lo que se encuentra en los hechizos de pareja para mejorar la confianza y la estabilidad en una relación. Por otro lado, también se emplea para atraer el amor y que llegue a nuestras vidas. También permite conectarnos con nosotros mismos y conocernos mejor.

Amarillo. Favorece los aspectos positivos como la alegría y la felicidad. Refuerza la seguridad en uno mismo y mejora la comunicación.

Naranja. Este color promueve los sentimientos positivos en las personas. Además nos dota del poder requerido para atraer la energía positiva necesaria para que llegue el amor. El color naranja es la mezcla del rojo y el amarillo, por lo que también genera las vibraciones de ambos colores.

Azul. La utilización de este color de velas mejora la comunicación, razón por la que se emplean en hechizos de pareja. Se utilizan para atraer a nuestra vida armonía y paz, pilares necesarios para consolidar cualquier relación de pareja.

Marrón. Al igual que las velas azules, se emplea en rituales de pareja para favorecer la solución de conflictos. También se emplean para rituales donde se pretende alejar a terceras personas de nuestras relaciones amorosas.

Negro. Es propicio usar estas velas para hechizos de protección.

Forma de encender y apagar las velas.

Debes saber que es necesario encender todas las velas con cerillas de madera, al igual que sucede con el incienso que se emplea para purificar y eliminar las malas vibraciones. ¿Sabes por qué? Para que el Universo escuche nuestro propósito amoroso es necesario crear nuestras propias vibraciones y no utilizar un mechero o encendedor, ya que de hacerlo así, habrán sido creadas por el objeto.

Del mismo modo, para apagarla nunca debes soplar, pues esta acción restará efectividad al hechizo de amor. Tendrás que usar un apagador o, en su defecto, hacerlo con un vaso de vidrio.

Otras recomendaciones para los hechizos con velas:

✔ Una vez encendida la vela necesaria para llevar a cabo el ritual, nunca la muevas de sitio. La ubicación es importante, de modo que evita colocarlas en lugares con corrientes de aire o en una zona de paso. Deben estar en un lugar plano y controlado.

✔ El tamaño de las velas. Aunque no sucede nada por utilizar velas pequeñas (muchos de los conjuros las requieren), lo ideal es que, si no se especifica, sean velas de gran tamaño. ¡Canalizarán más energía!

✔ No deben tener olor. Es importante que sean velas que no desprendan un aroma en particular.

✔ Préndela cuando se especifique en el hechizo que hayas seleccionado. El orden de los pasos es determinante para conseguir ese equilibrio energético necesario. Este es un error muy común y debes evitarlo.

✔ Presta atención a la mecha, pues siempre debe estar en el centro para que la cera se queme de forma correcta.

✔ No emplees velas que hayan sido utilizadas anteriormente para otro ritual.

Vamos ya con los mejores hechizos con velas para atraer el amor.

Hechizo de amor con vela roja.

Para este hechizo de amor con vela necesitarás los siguientes elementos:

- 5 velas pequeñas de color rojo.
- 1 bolígrafo de tinta roja.
- 1 papel blanco.
- Cerillas de madera.

El primer paso de este hechizo de amor con vela será escribir tres veces en el papel blanco tu deseo (por ejemplo: "tener una pareja maravillosa"), uno debajo del otro.

Realizado el paso anterior, escribe arriba de éstos tu propio nombre.

Después, encierra en un círculo todo lo escrito.

Luego, dobla el papel dos veces.

A continuación, coloca las cinco velas rojas pequeñas en forma de corazón y coloca el papel dentro de este.

Enciende las cinco velas con cerillas de madera. Durante aproximadamente diez minutos y mientras observas la llama, recita en voz alta la siguiente oración:

«Estás en mi destino y eres para mí, por eso nuestras vidas deben entrelazarse. Estoy aquí para amarte, igual que tú a mí. Llega ahora a mi vida.»

Una vez que las cinco velas se hayan consumido, guarda el papel en tu dormitorio, (preferiblemente debajo de tu almohada). Tiene que ser en un lugar donde únicamente tú tengas acceso.

Hechizo de amor con vela blanca y miel.

¿Sabes ya quién es esa persona que te gustaría que fuera tu pareja? Entonces el hechizo de amor con vela blanca y miel es el más adecuado para ti.

Necesitarás los siguientes elementos:

- 1 fotografía de esa persona.
- Hilo de color rojo.
- 1 vela blanca.
- Papel rosado.
- 1 bolígrafo negro.
- 1 bolígrafo rojo.

Comenzarás tomando la foto de tu pareja ideal y con el hilo rojo amarrarás la fotografía a la vela blanca. La imagen debe quedar bien fija a la vela.

Seguidamente, coge el papel de color rosado y escribe el nombre de tu pareja deseada y el tuyo con el bolígrafo negro.

Ahora, coge el bolígrafo rojo y realiza un corazón que englobe vuestros nombres.

Unta el papel con un poco de miel.

Luego, dobla el papel y colócalo con la

ayuda de un alfiler en la vela blanca.

Por último, enciende la vela con cerillas y repite la siguiente oración en voz alta:

«Como la miel nos une, el amor nos ata, para que estemos juntos sin daño alguno.»

Concéntrate durante este proceso en visualizar a tu pareja.

Hechizo de amor con vela rosa.

Este es uno de los hechizos con velas más utilizados pues su eficacia es muy alta.

En primer lugar, obtén los siguientes elementos:

- 1 vela rosa.
- 1 alfiler.
- Cerillas de madera.
- Bolsa de tela roja.

Procedimiento:

El primer paso de este sencillo pero potente

hechizo de amor con vela rosa es grabar en ésta un corazón y la inicial de tu nombre. Sírvete de un alfiler para poder tallar la vela.

Ahora, toma la vela en las manos y cierra los ojos. Visualiza la llegada de esa persona ideal a tu vida. Además, será necesario que declares en voz alta (no mentalmente) qué es exactamente lo que deseas. ¡Tómate tu tiempo!

Tras haber reflexionado debidamente, deja la vela en una superficie plana y enciéndela con cerillas de madera.

Por último, una vez que la vela se haya consumido, recoge la cera y ponla dentro de una bolsa de tela roja.

Guárdala en tu dormitorio, en una zona donde nadie pueda encontrarla, a ser posible cerca de tu cama, pues durante el sueño se produce mucha energía mágica.

***

A continuación te voy a mostrar otros

hechizos amorosos súper potentes en los que las velas no son el elemento principal.

Antes de comenzar cualquier conjuro para pedir un deseo de amor, es importante que entiendas que la dificultad de tu objetivo no debe preocuparte. El ritual terminará por conseguir que el cambio se imponga. Tan sólo es necesario:

- Ser constante, no rendirse.

- Mantener una actitud positiva, no dejarse llevar por el pesimismo.

Los siguientes hechizos han sido escogidos por ser los más efectivos y poderosos.

Hechizo de ruda para el amor.

La ruda es sin duda alguna, una de las plantas más poderosas que existen. Su aroma es penetrante, lo que nos permite sentirnos en paz. Está relacionada con la suerte y la prosperidad.

Es una planta utilizada desde la antigüedad para múltiples aplicaciones de limpieza y protección.

Para atraer a esa persona especial a tu vida realiza este sencillo ritual con ruda para el amor.

Comienza obteniendo los siguientes materiales:

- 21 hojas de ruda.
- 1 vela roja pequeña.
- Cerillas de madera.
- 1 plato blanco.
- Incienso de mandarina.
- Aceite de mandarina.
- Pétalos de una rosa roja.

Procedimiento:

Unta la vela con el aceite de mandarina. Utiliza tus propias manos, ya que proyectarás tu energía en ella. Mientras realizas este primer paso, piensa en cómo sería esa persona especial.

A continuación, enciende el incienso de mandarina y purifica el lugar.

Pon la vela pequeña en un plato y vuelca las hojas de ruda y los pétalos de la rosa.

Finalmente procede a encenderla con una cerilla de madera.

Espera unos minutos y recita:

"Amor de mi vida, tú y yo estamos predestinados y nuestros caminos ya se juntan para expresar el gran amor que ambos merecemos.

Entra ahora en mi vida para siempre.

Si tiene que ser así, así será."

Hechizo de magia blanca con hilo rojo.

El color rojo o púrpura es desde siempre el color que representa el amor y la pasión, por ello este color es empleado con absoluta garantía en multitud de hechizos de magia blanca para atraer el amor.

Si además usamos este color en hilos, cuerdas, lazos, etc... añadimos una mayor fuerza en el amarre de esa atracción amorosa que queremos que otra persona sienta por nosotros.

Vamos a utilizar un hilo o cordón rojo, y a través de él conseguiremos atraer ese amor que anhelas con el poder de este hechizo de magia blanca.

Vas a necesitar:

- Dos cordones de color rojo.
- Una taza blanca con agua.
- Sal.
- Un corcho.
- Una vela roja.
- Una bolsa de té.
- Cerillas de madera.

Enciende la vela invocando la imagen de tu amor ideal mientras prendes la llama.

Enrolla uno de los cordones a un extremo del corcho sin anudarlo. Luego haz lo mismo con el otro cordón en el otro extremo del corcho.

Seguidamente, echa cinco cucharaditas de

sal dentro de la taza con agua, por cada una de ellas pediremos en voz baja un deseo para nuestra vida amorosa (ejemplo: fidelidad, romanticismo, felicidad, complicidad, pasión).

Introduce la bolsita de té en la taza con agua y sal y pon sobre el agua el corcho con el hilo rojo enrollado con mucho cuidado. El té simboliza el alimento del que se nutrirá vuestro amor, el corcho simboliza la fortaleza de la unión de pareja, y los hilos simbolizan a los amantes que se sujetan a la relación.

Deja el corcho durante tres noches dentro de la taza.

A la cuarta noche saca el corcho y entiérralo como ofrenda a la madre Tierra, que protegerá así la relación que nace.

Durante cuatro días lleva los dos cordones atados a la muñeca izquierda. Pasado este tiempo debes cortarlos con unas tijeras y arrojarlos al agua antes de una semana desde que los hayas cortado (río, mar, lago, etc.).

Mientras los arrojas al agua debes decir en voz baja estas palabras:

"Mi amor viaja a su encuentro, llévalo hasta él".

Hechizo de magia blanca con margaritas.

Las margaritas se han utilizado desde siempre para los rituales de amor, (y no, no tiene nada que ver con ese juego infantil en el que se pregunta – me quiere, no me quiere - mientras se va deshojando poco a poco la flor…).

Necesitarás:

- Un ramillete de cinco margaritas.
- Un lazo blanco de unos 25 cm.
- Un cordón rojo.
- Un rotulador rojo.
- Un libro.

Enrolla el lazo blanco alrededor del ramillete durante una noche.

Si el hechizo pretende además acentuar la pasión en esa futura relación, utiliza el cordón rojo, enrollándolo sin apretar demasiado, antes de hacer lo mismo con el lazo blanco.

Con el rotulador dibuja en un trozo del lazo un corazón rojo y la inicial de tu nombre e introduce 5 pétalos de margarita y el trozo de lazo entre las páginas del libro, que deberás guardar durante cinco días en un cajón donde sólo haya prendas blancas.

Después de los cinco días podrás sacar el lazo y el cordón del libro, pero los pétalos deberán quedar siempre dentro.

Con este sencillo ritual, además de conseguir atraer el amor, potenciaremos que el romanticismo y la pasión permanezcan en tu vida.

Hechizo sencillo para pedir un deseo de amor con laurel.

Debes estar seguro de que tu anhelo nace del corazón, y que no se trata de un capricho egoísta ni un afán propiciado por la ambición.

Si tu deseo es limpio y busca lo mejor para ti y para tu futura pareja, este hechizo de amor con laurel podrá ayudarte.

El laurel es un gran potenciador de deseos.

Desde la antigüedad se ha utilizado para facilitar la resolución de problemas en principio irresolubles.

Elementos que vas a a necesitar:

- 5 hojas de laurel.
- Una hoja y un bolígrafo de color rojo.
- 1 cerilla de madera.

Como siempre, lo primero que debes tener muy claro es cuál es el deseo que quieres pedir. Debes ser muy cuidadoso a la hora de escogerlo, ya que la influencia de este conjuro aumentará en el sentido en el que tú envíes la influencia.

Cuando lo tengas claro y estés sereno y confiado, escribe en el papel tu deseo de amor. Dóblalo junto a las hojas de laurel y quémalos juntos. Este sencillo paso une las energías y te enfoca hacia lo que más deseas.

En este caso, no has de guardar nada, el deseo ya se ha lanzado al Universo a través del humo que ha unido el poder del laurel y el de tu deseo anhelado.

Cuando sea el momento adecuado éste se

materializará.

Consejos extra.

Puedes potenciar el ritual con un elemento que ayudará a que el cambio se imponga de manera más intensa y en menos tiempo.

Estos son algunos de los elementos más utilizados para potenciar este hechizo:

Aceite de rosas: si tu aspiración gira en torno a los sentimientos de una persona que ya amas, bastará con incorporar unas gotas de aceite de rosas sobre las hojas de laurel para que el cambio emocional se haga presente con más fuerza.

Unas gotas de limón: Un poco de zumo de limón será suficiente para hacer que se alejen personas indeseadas. Si tu deseo necesita apartar a personas tóxicas que crees que están entorpeciendo tu camino al amor, el limón es un elemento muy poderoso para forzar el cambio.

Una rama de canela: La canela es un poderoso potenciador de la atracción sexual. Cualquier hechizo en el que incorpores canela reforzará el deseo físico entre dos personas.

Bastará con romper una rama de canela sobre las hojas de laurel antes de comenzar el ritual.

Y como siempre, mantén la fe, y permite que el optimismo te guíe al pedir tu deseo.

Consejos finales

Tener ganas de estar en pareja y de atraer el amor a tu vida va más allá de desear tener un romance.

Implica modificar la actitud que tienes para con la vida. Eso incluye conocerte bien, saber quién eres, qué es lo que necesitas en tu vida y qué es lo que buscas en una relación. Una vez que te quieras y tu mente esté preparada para estar con alguien, atraer el amor a tu vida será más fácil.

Así que, como consejos finales:

- *Estate receptivo.*

Es comprensible ir con pies de plomo con una nueva persona por miedo a que te rompan el corazón. A todos nos han decepcionado en el terreno sentimental alguna vez. Pero, lo pasado, pasado está y no hay motivo alguno para estar removiéndolo.

Por ello, la actitud que debes tomar es la de

estar abierto a conocer a alguien. Eso pasa por estar receptivo y no apartar de tu lado a alguien cuando se te acerque.

Por otro lado, no te centres en el físico de la persona. Lo que realmente importa es el interior, cómo se comporte contigo y cómo te haga sentir. Por ello, dedícate y dedícale tiempo. Seguro que cuantas más cosas averigües de la otra persona, más querrás descubrir.

- *Deja atrás la negatividad*.

No seas agorero y atraigas lo malo. Debes estar siempre positivo. Lo mejor está por llegar. Deja los fantasmas y vibraciones negativas y piensa en positivo.

Tener esta perspectiva de vida ayudará a que las cosas buenas lleguen a ti. Y, aunque no lo creas, esa persona está más cerca de ti de lo que te imaginas.

- *Usa tu mente a tu favor*.

La mente es muy, muy poderosa. Concéntrate todos los días en que esa persona especial va a llegar muy pronto a ti. Empieza a visualizarte compartiendo momentos con la persona de tus sueños.

- *Cree en el destino*.

El escritor brasileño Paulo Coelho puso de moda el término *maktüb* en su libro 'El Alquimista'. Esta palabra viene a decir que el destino está escrito.

No permitas que tu ánimo decaiga y confía en el destino. El amor llegará en el momento oportuno. Como se suele decir, todo pasa por algo.

Di con total transparencia al Universo que deseas que el amor llegue a tu vida. Escoge el método o métodos que más te hayan atraído de los que hemos expuesto en este libro, ponlo/s en práctica y... ¡déjate sorprender!

Que empiece la magia.

www.ingramcontent.com/pod-product-compliance
Lightning Source LLC
LaVergne TN
LVHW041610070526
838199LV00052B/3071